AF260305

EUTROPE LAMBERT

MARIE DE VALSAYRE

ÉTUDE BIOGRAPHIQUE

ÉVREUX

DE L'IMPRIMERIE DE AUGUSTE HÉRISSEY

1865

Ln
22023.

MARIE DE VALSAYRE

ÉTUDE BIOGRAPHIQUE

I

Nos premiers parents venaient d'être chassés du Paradis terrestre : ils marchaient depuis longtemps sans but et sans espérance, et la nuit enveloppait de ses voiles sombres les coteaux arides. Les animaux féroces, qui hier encore rampaient à leurs pieds, les poursuivaient maintenant de rugissements sourds et prolongés. La nature était triste et inquiétante à voir; on sentait que le regard de Dieu manquait, et que quelque chose s'était brisé dans l'harmonie de la création !

Adam et Ève s'arrêtèrent, car ils étaient las. Ils s'assirent sur la terre nue avec découragement, et Ève, — cette charmante expression du génie divin, — appuya languissamment sa tête sur l'épaule d'Adam. De grosses larmes, des larmes amères et repentantes, coulaient de leurs yeux. Ils se regardèrent sans parler, et Ève s'appuya plus longuement sur l'épaule d'Adam, qui lui dit : « Mon âme, je serai fort pour deux, car le Maître que nous avons si indignement méconnu t'a confiée à moi; tu es la moitié de mon cœur, ma vie et ma pensée : sois sans crainte, je te protégerai. »

Et leurs larmes coulaient en se confondant...

Dieu eut pitié sans doute; leur repentir était si grand !

Tout à coup, une divine clarté succéda aux ténèbres qui couvraient la terre. La nature se réveilla de son engourdissement et reprit un air de fête. Un coin du ciel s'entr'ouvrit, et une harmonie suave, délicieuse, inconnue, un écho des harpes séraphiques les plongea dans une ravissante extase. C'était quelque chose de plus doux que les murmures de la brise dans les ombrages de l'Éden, de plus gracieux que le chant des petits oiseaux saluant le retour de l'aurore, de plus frais que le bruit charmant du ruisseau roulant ses eaux limpides sur les cailloux dorés.

Nos pères ne pleuraient plus, et leurs yeux levés au ciel exprimaient une reconnaissance infinie; ils avaient oublié leur fatigue, et le courage était descendu dans leur cœur !

. . . .

Depuis lors la Musique appartient à la terre, où l'Éternel n'a pas voulu laisser les larmes et le désespoir sans y jeter comme un rayonnement du bonheur céleste.

II

La Musique, cette douce fille du ciel qui endort les souffrances humaines, est bien la plus haute expression de la bonté de Dieu !

C'est elle — la sainte et éternelle Musique — qui, dans nos temples et sous les grandes voûtes que le temps a noircies, s'élève majestueuse et grave, et monte comme un encens aux pieds du divin Maître !

C'est elle qui, tour à tour brillante, suave, mélancolique, triste, gaie, pleine de larmes, de soupirs, de tendresse, d'amour, de douces joies ou d'enfantines caresses, exprime les diverses sensations de l'âme et donne une voix à notre cœur.

C'est elle qui pleure les infortunes de la patrie tyrannisée. C'est elle aussi qui prend de sublimes accents pour jeter l'enthousiasme dans les cœurs et précipiter tout un peuple aux frontières menacées par l'étranger envahisseur !

Le dimanche, elle réunit sous les grands arbres les jeunes filles et les jeunes garçons, et prend ses aspects les plus doux et les plus simples. Elle chante la nature et ses beautés ; elle se prête à mille et mille métamorphoses ; elle est la langue harmonieuse et pure de la création.

La Musique — cet art sublime — devait naturellement trouver dans la femme — être tout d'âme et de douceur — un interprète gracieux et inspiré. Aussi, voyons-nous l'histoire nous rapporter de Rome, d'Athènes et de mille autres lieux les noms des femmes célèbres qui, dans les temps anciens, ont charmé par la poésie des accents et la divinité du talent :

Myrtis et Corinne, qui remportèrent sur Pindare cinq couronnes aux jeux olympiques ;

Daphné, fille de Tyrésias, qui mérita les félicitations du divin Homère ;

L'immortelle Sapho que ses concitoyens surnommèrent la dixième Muse ;

Théano, — Phanéta, — Laïs ;

Elvis, qui composait des hymnes qui se chantaient dans la basilique de Saint-Pierre de Rome ;

La sybille Carmenta, qui composait et chantait des vers si harmonieux que les Romains lui bâtirent un temple et lui décernèrent les honneurs divins ;

Sainte Cécile, la douce martyre, qui chantait la gloire de Dieu en marchant au supplice, et que les musiciens honorent comme leur patronne.

Notre grand siècle a vu naître aussi une foule de

jeunes inspirées, de femmes artistes aux accents suaves et doux :

Mme Jaquet de la Guerre, — Mlle Bertin, — Loïsa Pujet, — Victoria Arago, — Mélanie Dentu, — Alphonsine Lemit, — Zélia Érambert, — Mme Wolf, — Henriette Martin, — Louise Salomon, — Joséphine Duclos, — Marie Darjou, — Léonie Tonel, — Mme Santa-Coloma, — Mlle de Lalanne, — Mme Mennechet de Barival, — Mlle Reboux, — Sophie Viguier, — Mme Damoreau, — Lia Duport, — Malibran, — Mlle Nicolo, — Maria Pleyel, — Mme de Saint-Leu, — Ida Boullée, — Joséphine Martin, — Amélie de Lamotte, — Mme Bataille, — Mme Delbeckevan de Wiele, — Mme Gavarni, — Mme Girod, — Mme Antonia Tissot, — Mme A. Magné, — Mme Sounier-Geoffroy, — Pauline Thys, — Suzanne Lagier, — Mlle Péan de la Roche-Jagu, — etc., etc...

III

M^llᵉ Marie de Valsayre appartient à cette grande famille
des femmes artistes; elle est jeune, enthousiaste de son
art et admirablement douée. Son talent se joue des diffi-
cultés et prend toutes les formes. Les classiques sont ses
modèles; Beethoven est son maître de prédilection.

Dans les quelques lignes qui vont suivre nous allons
essayer d'esquisser le caractère de la jeune fille et celui
de l'artiste.

Marie de Valsayre est née le 30 septembre 1846 dans
cette grande ville de Paris où tant de pauvreté coudoie
tant d'opulence.

Son père, d'une famille noble et ruinée par les révo-
lutions, donnait des leçons de droit, — et la médiocrité,
pour ne pas dire la misère, régnait au logis.

Hélas! chaque fois que le gentilhomme pauvre arrêtait
son regard sur le petit berceau qui contenait toutes ses
espérances, il devenait triste et songeait à conquérir une
fortune. Si bien qu'un jour il s'embarqua pour l'Amé-
rique, d'où il ne revint jamais. La fièvre l'avait emporté
quelques jours après son arrivée!...

Une jeune veuve et une orpheline d'une année restèrent
sous la garde de Dieu !...

Les premières années de Marie de Valsayre s'écoulèrent
comme les flots bruyants d'un fleuve qui court vers la
mer. L'impatience semblait mêlée au sang de cette enfant.
Il fallait qu'elle courût avec les petits drôles du quartier,
qu'elle se déchirât, qu'elle battît les chats et les chiens,
qu'elle crevât les yeux aux petits oiseaux et qu'elle fît
enrager sa mère, — sa pauvre mère qui s'imposait tant
de travail et de privations pour l'élever. — Cependant, il
y avait quelque chose qui calmait le petit démon, quelque
chose qui la rendait douce — elle, la méchante, — *la
musique*! — Oh! comme elle s'arrêtait au milieu de ses
innocentes cruautés quand les vibrations d'un piano
arrivaient jusqu'à elle ou que la musique militaire pas-
sait sous ses fenêtres. Alors elle devenait toute sérieuse
et son regard semblait inspiré ; puis elle courait dans un
coin de la chambre, revenait traînant une vieille guitare,
— le seul de ses jouets qui eût survécu, — et, la posant
devant elle, pinçait les cordes pour en tirer des accords.

Sa vocation était trouvée et sa mère lui fit donner des
leçons de solfége et de piano.

L'étude calma un peu sa turbulence sans la faire dispa-
raître. Ses progrès furent rapides, et à six ans, dans les

petites solennités classiques, c'était toujours elle qu'on choisissait pour chanter ou tenir le piano.

Ce n'est pas tout : Marie voulut aussi apprendre à jouer du violon, et, bon gré mal gré, il fallut lui donner un maître italien. Puis elle perfectionna son chant avec Duprez; déjà les romances qu'elle chantait prenaient cette expression ravissante qui est le charme de son talent. Elle semblait aimer plus particulièrement ce genre de musique qui est le plus sympathique et le plus beau ; mais de fréquents vomissements de sang survinrent, et elle y renonça pour s'adonner entièrement à l'étude de l'harmonie, de la fugue et du contre-point.

A treize ans, Marie de Valsayre entrait dans le monde des artistes et était reçue membre de plusieurs sociétés musicales. Une schotisch : *Follette*, — composée à cinq ans et corrigée par elle, — venait de paraître chez Meissonnier. Son talent sur le violon la faisait rechercher. Digne émule des jeunes sœurs Milanollo, elle exécutait sur cet instrument, avec une pureté et une délicatesse infinies, les morceaux les plus difficiles.

Depuis, les productions ont fourmillé : une foule de fantaisies gracieuses pour piano ont été publiées chez divers éditeurs; des romances, des chœurs, des opérettes composées sur des paroles de MM. Barbesien, Fortuné Layet, A. Deschamps, Joseph Gouverneur, etc., — et de votre serviteur, — lui font un assez joli bagage artistique.

Les œuvres de Marie de Valsayre se distinguent toutes par une sensibilité exquise, une forme simple, correcte, harmonieuse, une expression vraie.

Parmi les compositions que nous devons à son amitié, nous avons remarqué :

Ma Gondole, une barcarolle ravissante de grâce, d'élégance et de fraîcheur, pleine de motifs charmants. On suit avec la jeune inspirée la barque qui glisse doucement sur l'onde transparente, on entend le murmure de l'eau, la brise qui gonfle la voile, on est délicieusement ému.

Fille des nuits, une invocation pour deux voix; cette composition a quelque chose de vaporeux et de voilé. C'est une prière à la blonde Cynthia, la douce reine des nuits.

Un Ange, une mélodie suave; *Enfantine*, une berceuse, une voix de mère qui chante pour endormir son enfant. Le vent mugit au dehors, la neige tombe; — mais la simple et gracieuse harmonie se dégage des bruits de la tempête, et l'enfant s'endort doucement bercé.

Un Orphelin et *Perfide mer*, des pages émouvantes, des sanglots, des cris de désespoir; les notes se heurtent, se confondent. La douleur n'a-t-elle pas une forme sauvage, une forme qu'il est bien difficile de saisir? Et disons-le, Mlle de Valsayre s'en est tirée comme un maître.

Feuilles de rose, allégorie touchante, toute parfumée

de jeunesse et d'amour ; *Prière des fleurs*, une rêverie qui fait aimer la solitude, les grands lacs, les rochers escarpés, les belles nuits de printemps ; *la Voix des feuilles*, *le Chasseur noir*, *Un Soir d'été*, etc., etc...

Parfois, le talent de Marie de Valsayre change brusquement de forme ; il laisse son caractère mélancolique et tendre et prend des accents virils.

Dans *les Héroïnes polonaises*, mazurka héroïque pour piano, le feu sacré de l'indépendance s'échappe de toutes parts ; c'est l'aspiration grande et divine d'un peuple qui secoue ses fers ; c'est la voix qui crie aux opprimés : « Formez vos bataillons ! » — En écoutant cette composition, on sent que la jeune fille a quitté pour un instant les douces rêveries de son âge, qu'elle a prêté l'oreille aux plaintes des Polonais, et que la brise qui vient du Nord lui a apporté quelques-unes des notes de la *Marseillaise*, — cet élan sublime de foi et de patriotisme !

J'en ai fini avec l'artiste ; parler de tout son œuvre serait trop long.

Quant au caractère de la jeune fille, je le tracerai rapidement et à grands traits.

Ravissante de grâce et d'enjouement, Marie de Valsayre est une enfant gâtée par l'Art.

Comme toutes les femmes qui ont à s'occuper d'autre chose que de se regarder tout le jour dans une glace ou

d'arranger les plis d'une robe ou d'un manteau, sa mise
a je ne sais quel dégingandé artistique qui plaît à l'œil :
elle ébouriffe ses cheveux d'une manière impossible, et
son petit chapeau est toujours crânement posé sur sa tête
adorable. Ses moindres gestes décèlent l'artiste.

C'est une bonne fille très-excentrique, tantôt gaie,
tantôt morose ; elle est sincèrement aimante.

Elle suit assidûment les fêtes des environs de Paris et
ne dédaigne pas de danser un brin au Château-Rouge et
à la Closerie des Lilas. Les luttes nautiques ne lui sont
pas étrangères, et on la cite comme de première force à
manier une rame. Elle monte à cheval très-gentiment et
assiste aux deuxièmes représentations. Elle est au courant
de toutes les nouvelles artistiques, littéraires et galantes ;
— aux dernières courses, elle a parié contre *Gladiateur* !

Sa chambre est pleine de jolies petites bêtes : des chiens,
des chats, des colombes, des serins, des perruches, etc. ;
et, — je vais commettre une bien grosse indiscrétion, —
croiriez-vous qu'elle joue encore à la poupée !

Je vous l'ai dit : c'est une enfant gâtée, une aimable
et charmante créature ; et, — pour terminer avec une
phrase à grand orchestre, — c'est « l'âme d'un séraphin
fourvoyée dans le corps d'une diablesse ! »

EUTROPE LAMBERT.

BIBLIOTHÈQUE IMPÉRIALE

BIBLIOTHEQUE NATIONALE DE FRANCE

3 7502 00972555 9

www.ingramcontent.com/pod-product-compliance
Lightning Source LLC
Chambersburg PA
CBHW050810070726
47595CB00015B/3127